PASSARINHO

Ana Kutner

PASSARINHO

Cobogó

SUMÁRIO

Asas do desejo, por Patrick Pessoa   7

Avoar, por Ana Kutner   19

PASSARINHO   23

Olhos amarelos, por Clara Kutner   53

Asas do desejo

> Um escritor que não forma outros escritores não ensina nada a ninguém.
>
> Walter Benjamin

Você tem um nome? Não é estranho isso, ter um nome? Já nascer sob o peso de um nome não é o mesmo que nascer engaiolado? Você sabe qual é o porquê do teu nome? A origem do teu nome? A etimologia do teu nome? Alguém já te contou essa história? A história do teu nome?

Nome é destino, diziam os gregos. O teu destino está cifrado no conjunto de letras que escolheram para te nomear. Você acredita nisso? Ou acha que é papo de biscoito chinês?

O antropólogo James Frazer mostrou que o horror sagrado diante do parentesco entre nome e destino era recorrente entre os que ele chamava de "primitivos". Não era diferente o horror que alguns indígenas das Américas sentiam diante das fotografias. O nome como instantâneo da alma. Esses indígenas acreditavam que quando o outro me nomeia, me fotografa, ele me aprisiona numa imagem estática, me congela, me engaiola. O outro faz isso o tempo todo. O inferno são os outros. (E o paraíso também, mas isso é tema para outro ensaio.) Por isso, os jovens das tribos "primitivas" só aprendiam o próprio nome aos 13 anos, e apenas se conseguissem superar uma série de desafios quase... insuperáveis. "Vem a ser o que tu és", escreveu Píndaro muito antes de Cristo. "O que herdaste, conquista-o para fazê-lo teu", escreveu Goethe muito depois. Os ritos iniciáticos envolvendo a conquista do próprio nome aparecem no filme *Um homem chamado cavalo*, lançado em 1970 e dirigido por Eliot Silverstein. Silverstein: pedra de prata. Belo nome.

Os gregos, pais da filosofia e primeiros apóstolos do desencantamento do mundo, pensavam o ônoma, o nome, como a unidade fundamental da linguagem. Aristóteles, em seu tratado *Da interpretação*, define o nome como suporte ou sujeito de dois tipos de predicado: os essenciais e os acidentais. Se dizemos, por exemplo, que "Sócrates é mortal", ou que "Sócrates é um animal racional", estamos atribuindo a Sócrates predicados essenciais, predicados que, uma vez subtraídos, fariam com que ele perdesse a sua identidade como Sócrates. O filósofo, não o jogador de futebol. Mas quando dizemos que "Sócrates tem dois braços", ou que "Sócrates tem os cabelos longos", trata-se de predicados acidentais. Se Sócrates perdesse um dos braços, ou mesmo os dois, continuaria a ser Sócrates. Um Sócrates maneta, mas ainda Sócrates. E o mesmo valeria se lhe raspassem o cabelo com máquina zero. Sócrates não é Sansão.

Teóricos contemporâneos como Frederico Nietzsche e Orson Welles, no entanto, colocaram em xeque a oposição aristotélica entre predicados essenciais e acidentais. Argumentaram que nunca temos como saber exatamente o que nos define. A vida não é um melodrama hollywoodiano. Nela, um trauma só não faz verão (futuro do verbo ver...). Então qual é, no final das contas, o cerne da nossa identidade? O núcleo dessa nebulosa: eu? E se o acaso de estar aqui hoje, no sofá da minha casa, escrevendo este texto e falando com você, leitora imaginária, for mais decisivo para determinar o meu destino do que, por exemplo, o fato de eu ser filho do meu pai e da minha mãe, do meu país, da minha língua? E se, como ensinou o rei Édipo, não tivermos jamais como saber antes do fim que acontecimentos vão forjar o nosso destino, a nossa identidade, o nosso nome? Nesse caso, mesmo o acontecimento mais trivial pode ser o mais decisivo. Nesse caso, a vida se torna uma experiência extrema e séria. "O deus nas pequenas coisas", na expressão de Arundhati Roy.

Ana Kutner é atriz, iluminadora, assistente de direção, preparadora de elenco e, durante quatro meses, escreveu críticas teatrais para *O Globo*. Em 29 anos de profissão como atriz, fez 27 espetáculos teatrais, nove trabalhos no cinema e 16 trabalhos na televisão (entre novelas, séries e minisséries). Assinou a iluminação de 14 espetáculos, entre peças teatrais e shows de música. Foi assistente de direção em quatro espetáculos e preparadora de elenco em três produções audiovisuais.

Se é verdade que "a gente é o que a gente faz", Ana Kutner é (ou foi) tudo isso. Mas o que "a gente faz" cabe no breve resumo de uma carreira como este que acabo de fazer (constrangido um pouco pelas expectativas que envolvem um "texto de apresentação")? "O que a gente faz" e, portanto, "o que a gente é" não envolve também uma série de atividades mínimas, muitas vezes invisíveis, mas nem por isso menos decisivas? Brincar com o filho, dançar, ouvir uma música, transar assistindo a Buñuel até dormir, ser ninada pelo pai gato sem camisa de calça jeans, recitar um poema de Ana Cristina Cesar, se apropriar de outro de Caio Fernando Abreu, sentir a presença da ausência da mãe (precocemente morta), calar, sonhar, amar meninos, meninas, menines?

"A mediocridade do meu pai foi uma forma extrema de generosidade. Facilitou muito a minha vida", escreveu alguém cujo nome não lembro. É também famoso o chiste de Gore Vidal: "Eu era um aristocrata refinado de Manhattan. Norman Mailer era um judeu pobre do Brooklyn. Ele teve todas as facilidades que eu não tive para se tornar um grande artista."

Ana Kutner é filha de Paulo José e Dina Sfat, dois deuses do panteão das nossas artes.

Será possível minimizar a dificuldade de se carregar o peso desses nomes?

Passarinho é a primeira dramaturgia de Ana Kutner.

Se a gente é o que a gente faz, é o que fez e também o que fará.

"*We are such stuff as dreams are made on*", disse Shakespeare na *Tempestade*.

Sonhos são feitos de memórias e desejos.

Sonhos são a matéria mesma do "eu".

De tudo o que se deixa fixar, de tudo o que não.

Passarinho é a apresentação de Ana Kutner por ela mesma.

Passarinho é a dramaturgia de uma vida.

Nesse primeiro texto, com a magia dos primeiros textos, de procedimentos ainda não sedimentados, Ana apresenta tudo o que não cabe em nenhuma apresentação convencional.

Contar a própria história. Não é isso o que a gente sempre faz mesmo quando fala de outros? Mesmo quando a gente escreve em terceira pessoa, como a Ana neste *Passarinho*? Só que, pelo menos no teatro, o modo como a gente conta a nossa história, a forma de contar, é mais significativa para apresentar quem somos do que propriamente os eventos relatados. Como, então, a Ana conta a sua história?

Os fragmentos da memória, como os recortes de jornal velho guardados um pouco ao acaso por um dos personagens de *Passarinho*, assumem as formas mais disparatadas quando revisitados anos depois. Dependendo das questões do momento em que o desejo de lembrar é ativado, desejo nem sempre consciente, a colcha de retalhos que é o "eu" assume feições as mais diversas. O eu como um quebra-cabeça psicodélico, como um mecanismo cujas engrenagens a gente nunca consegue entender direito, certamente não enquanto vive, no calor da hora — "a coruja de Minerva só voa à noite!" —, é um animal complicado.

Que o tempo seja o grande senhor da montagem, de todas as recombinações possíveis, é um desses presentes imprevistos que o privilégio de habitar este planeta por um pouco mais de tempo nos dá. Haverá tantos "eus" em mim quanto novas questões forem surgindo ao longo do caminho, quanto novas perguntas forem se tecendo e me impelindo à busca de respostas. Não é preciso ser ator para viver mil personagens, ao sabor do momento e das questões de produção, dos convites inesperados, da grana que surge ou não. Mesmo sem ser ator, já se é. Que a vida de todo mundo tem um pouco essa textura, que o mundo é um teatro, bom, essa é uma das metáforas mais gastas que há. Não é à toa que o teatro de Shakespeare se chamava Globe. Mas poucas pessoas, como a protagonista de *Passarinho*, tinham no quarto da infância um palquinho com direito a coxia e bilheteria.

Num dos momentos mais tocantes de *Passarinho*, a narradora fala de um namorado que era apaixonado por Tarkovski, especialmente pelo filme *Stalker*. "Tem uma parte do filme", ela diz, "em que o Stalker conta que o Porco Espinho, o cara que o treinou para ser Stalker, foi até a Zona pedir para que o irmão ressuscitasse. Os Stalkers são guias de viagens que levam grupos de pessoas a conhecer esse lugar proibido, a Zona. A Zona é um lugar interditado pelo governo, com ameaça de radiação nuclear, envolto em mistérios. Então, o que o Stalker tava contando era que o Porco Espinho chegou na Zona pedindo para que o irmão dele voltasse a viver. E, quando ele saiu de lá, em vez do irmão, ele recebeu um monte de dinheiro. Ficou milionário, mas o irmão continuava morto. Então ele percebeu que, na Zona, só se cumprem os desejos mais íntimos! Aquilo que corresponde à sua natureza, da qual você não faz a mínima ideia, mas que manda em você. É esse o segredo. Ele se enforcou porque teve consciência da própria natureza."

Ao ver *Passarinho*, pensei: a personagem-narradora de Ana é o anti-Porco Espinho!

Schopenhauer pensava as sociedades humanas como aglomerados de porcos-espinhos. Se pudessem, os porcos-espinhos ficariam sozinhos, isolados cada um em seu mundinho, em sua "subjetividade", evitando o contato. Mas o fato é que acabam sentindo frio. Precisam uns dos outros. E aí têm que se aproximar. O filósofo alemão, célebre por seu pessimismo radical, concluía a alegoria dizendo que, ao se aproximarem, os porcos-espinhos acabavam ferindo-se uns aos outros. E então se distanciavam. Mas aí novamente sentiam frio. E tinham de se aproximar outra vez. E se distanciar. Eternamente. Segundo ele, a tragédia da vida humana seria a impossibilidade de uma aproximação não dolorosa do outro, que nos manteria nesse eterno pêndulo entre aproximação e distanciamento, amor e separação.

Contra Schopenhauer, Ana afirma o binômio amor-dor, em todas as suas formas e cores, em toda a sua multiplicidade, sem idealizações. Seja do amor, seja da dor; seja da comunhão, seja da solidão.

E, contra o Porco Espinho do *Stalker*, Ana afirma que o desejo e o amor não têm nada a ver com a moral, nada a ver com as expectativas sociais, com qualquer dever-ser. São imperfeitos, descontínuos, imprevisíveis e múltiplos, como a vida. Em todo caso, nada do que se envergonhar. Nunca.

"Promete que não vai achar a menor graça nesta história de suicídio?", ela se pergunta colocando-se no lugar da mãe, em algum lugar do passado sempre presente.

Na peça, ela não responde.

Mas a peça como um todo responde por ela: "Pode ficar descansada, Dina."

A leitora há talvez de estranhar o caráter um tanto quanto descontínuo e aforismático desta apresentação. A liberdade quase sempre causa estranhamento. Mas é que tentei reproduzir aqui, na minha escrita, a própria estrutura de *Passarinho*. Tentei aprender com ela, para retomar a epígrafe do

Benjamin. E diria que um dos grandes triunfos deste trabalho é nos mostrar que todos estamos autorizados a construir a dramaturgia da nossa própria vida, dispondo das nossas próprias memórias como quem cola recortes de jornais velhos. A montagem como operação estética, que deixa claras as fissuras e cicatrizes, como antípoda das cirurgias plásticas, faz o velho rejuvenescer e o morto reviver.

O texto desta nova Ana, da Ana dramaturga, performatiza na sua estrutura formal o traço talvez mais marcante da Aninha, que conheço desde sempre, que é quase minha irmã. E que, neste primeiro texto, conseguiu de algum modo traduzir dramaturgicamente isso que nela é tão difícil de nomear.

O desejo para além da moral, para além do bem e do mal, informa uma dramaturgia baseada numa espécie de associação livre (e viva Freud!) que costura acontecimentos, personagens, filmes e livros os mais heterogêneos, misturando o toque explicitamente autobiográfico com "a possibilidade de um eterno plágio antropofágico", como ela diz. Tendo em vista que não dá para hierarquizar a importância das influências que nos definem, por que não se permitir o alívio de manter as coisas sem hierarquias entre o essencial e o acidental? E contar os desejos todos, os amores todos, os delírios todos, sem pruridos morais?

Vi num seriado catalão um secundarista, gay assumido, dizer a seu professor de filosofia: "Nunca precisei sair do armário. Sou um puro-sangue, Merlí." Ana tampouco. E, de modo mais radical do que o personagem de *Merlí*, que ainda opera segundo o binarismo da oposição heterossexual-homossexual, Ana simplesmente nasceu à margem dessa oposição, como se a questão de gênero, tão em voga hoje, ainda estivesse sendo mal formulada. Como se os nomes que a sociedade inventou para funcionar de forma organizada e previsível nunca tivessem podido enquadrá-la. Como se ela já tivesse nascido transcendida. Para quem quer um exemplo de que uma outra biopolítica é possível, basta ler *Passarinho*.

E, agora, a performance de uma vida fora da gaiola ganhou a forma de um texto teatral. Desejo apenas que a leitora se deixe contagiar por essa dramaturgia como eu me contagiei, e que possa contar e viver a sua história de jeitos outros, mais livres. Que possamos voar. Todas, todos, todes. Como este passarinho.

"Passarinho" é o apelido que a Ana ganhou na infância.
Não sei se nome é destino, mas este apelido sem dúvida o é.
"Apelido", em espanhol, é o nome do nome.
O nome do nome próprio, singular, intransferível.

Patrick Pessoa
Ensaísta e dramaturgo
Rio de Janeiro, 10 de junho de 2018

Avoar

Quando comecei a escrever *Passarinho*, continuava com o desejo de falar de amor, encontros, desencontros, morte, sexualidade, liberdade, permissão, afetos e daquilo que nos afeta: o outro. Porque esse troço de encontrar o outro e de se encontrar no outro é uma delícia apavorantemente prazerosa!

Uma das minhas maiores alegrias na infância era correr e gritar ao mesmo tempo. Sinto que continuo fazendo isso até hoje. E, por sorte, tenho encontrado pessoas que também correm e gritam pela vida, derramando seus afetos e transformando em arte todos os desejos e impulsos. Por conta disso, durante o período de ensaios, alterações foram feitas no texto junto com a direção, mudança de ordem de cenas, improvisos, outras construções partindo de estímulos dos ensaios, e novas ideias que fui escrevendo no decorrer desse processo tão fértil. Passado esse momento de criação inicial, estou aqui escrevendo este texto numa emoção danada por estar entregando-o à Cobogó, que topou de imediato a publicação deste caleidoscópio de memórias. Avoar!

Porque a vida é criativa demais e histórias devem ser lembradas e contadas sempre. Dedico este texto-espetáculo a meu filho, João, que me faz ressignificar tudo o tempo todo, aos amores, pelas oportunidades de mergulhos — não é, Kity? —, amigos pela eternidade, a meu pai, Paulo, por sua liberdade, a minha mãe, Dina, pelo porto seguro, a minha irmã Bel, pelo humor genial e a inteligência imbatível para transpor as adversidades com petelecos por cima do ombro, aos medos, loucuras, senso do ridículo, desertos internos, à alegria, à fé constante, aos impulsos; mas, principalmente, à minha irmã e diretora Clara Kutner, que desde que nasceu vem se jogando, de mãos dadas às minhas, em meus voos vertiginosos; e, enquanto caímos, subimos ou planamos, ela vai tendo ideias de como usufruir o passeio.

E a você, que está lendo este texto e topou este encontro através deste livro. Muito obrigada por ter vindo até aqui. Divirta-se!

Ana Kutner

PASSARINHO

de **Ana Kutner**

A primeira montagem de *Passarinho* estreou em 17 de agosto de 2017, no Sesc Ipiranga, em São Paulo.

Texto
Ana Kutner

Direção
Clara Kutner

Elenco
Ana Kutner

Assistente de direção
Fábio Osório

Direção de movimento
Marcia Rubin

Direção musical
Felipe Storino

Iluminação
Tomás Ribas

Diretor de cena
Jamil Kubruki

Figurinista
Antônio Medeiros e Guilherme Kato

Visagismo
Ricardo Moreno/ESMELL

Cenografia
Estúdio Chão – Adriano Carneiro de Mendonça e Antonio Pedro Coutinho

Projeto gráfico
Cubículo

Fotos
Felipe Lima

Estagiário de direção
Raphael Bulcão

Produção executiva
RJ: Juliana Mattar
SP: Barbara Santos

Administração
SP: Danilo Bustos

Assessoria de imprensa
Morente Forte

Produtoras associadas
Ana Kutner, Selma Morente e Celia Forte

Realização
AKutner Produções, Morente Forte Produções Teatrais, Sesc SP

PRÓLOGO

Ele era pequenininho, devia ter uns três anos. Ela, já nem tão pequena assim. Conversavam sobre o amor.

— Filho, o amor é uma coisa muito boa, sabe? Porque o amor soma, aumenta. Cabe todo mundo no amor.

E ele ouvia tudo, enquanto brincava com um boneco de dragão.

—Tem o amor do pai, o amor da mãe, o amor das tias, do avô, da avó. Amor de amigo, amor de namorado, amor de namorada... tudo é amor. E o bonito no amor é que não tem um amor melhor que o outro. Existem vários tipos de amor. No amor cabe todo mundo, filho, cabe tooooodo mundo.

Ele olhou pra ela, enquanto o dragão de borracha voava na sua mão, e disse:

— Mamãe! Um pouquinho de cada vez, mamãe. Um pouquinho de cada vez.

Ela acende duas velas de aniversário, velas chamas, e rodopia pelo espaço, ao som de *rock* pesado, tipo Sex Pistols, até as chamas se apagarem.

1. MENINO

Ela disse que foi assim:

— Nossa, como você demorou pra chegar. Tô te esperando há tanto tempo.

Era ele. Eles não se conheciam ainda, mas ele já estava sorrindo, com aquele brilho, como se tudo em volta tivesse luz própria.

— Oi? Mas eu ainda não te conheço — ela disse, já rindo, enquanto aceitava um copo de cerveja gelada com espuma grossa.

— Eu sei, mas eu tô te esperando há muito tempo.

Castañeda. Pra ela foi como Castañeda. Ele era o próprio Sidarta. Tinha todos os pelos que o corpo produzisse dourados, gostava do Trigueirinho, óvnis e vida intraterrena. Dizem que os intraterrenos são seres menos evoluídos, mas que, às vezes, habitam concomitantemente a superfície da Terra.

Pra ela, a possibilidade de vida extraterrena sempre pareceu mais fácil que a intraterrena, por isso tentava há um tempão se inscrever no Fórum Mundial de Ufologia.

Ele gostava de *rock* eletrônico alemão, de gravar a distorção do carrinho de feira com um microfone dentro pra fazer um som. E gostava mais ainda de ficar na cama vendo Buñuel e transando até dormir. Pegava aquele carro todo de fibra de vidro, saía a mil quando ficava puto. Mas voltava e perguntava:

— E aí, *baby*? — dizia ele com aquela risadinha de Muttley, aquele cachorro vira-lata da Corrida Maluca.

Comia comida natural de um lugar que entregava em casa e tinha a mania de colecionar notícias que ele achava importante de jornal velho. Eram gavetas e gavetas de recortes de jornal que às vezes virava música, poesia ou embrulho de copo quebrado, quando não tinha nenhum outro por perto.

Ela gostava de usar as suas roupas e ele, de saber com qual menina ela tinha ficado quando não dormia com ele. Deu dois livros de poesias do Jim Morrison, em edição portuguesa, pra ela. Então, eles fumavam um e ficavam lendo em voz alta:

Lê com sotaque português.

"Metamorfose. Objecto cortado do nome, dos hábitos, das ligações. Separado, torna-se apenas coisa em si mesma. Quando tal desintegração em pura existência se completa, o objeto fica livre de devir (de ser), absolutamente, qualquer coisa".

2. MENINE

Já ela... era linda, sabe? Assim, com cabelo comprido, franja, um olhar de águia. E bebia. Vodca. E dizia que não era menino nem menina, era Menine. Ela se apaixonou imediatamente pela Menine. Uma boate em Copacabana, Kitchnet, alguém lembra? Acho que ninguém lembra muito, era muita coisa ao mesmo tempo. Tinha uma cama de casal no meio da pista de dança com uma capa de plástico vermelho. Ou era a luz? Ela me disse que via aquele cabelo se aproximar e se afastar sem parar, e aquela boca que falava, falava e ela não entendia nada, o beijo, o beijo, o beijo...

A Menine veio ficar uma noite com ela. Ele entrou no quarto e elas já estavam juntas ali. Pediu licença, disse que tava bonito, mas que achava que tava sobrando, que ia tomar uma cerveja e depois voltava. E não voltou. Mas elas foram buscá-lo. O cara veio meio tímido, tocou uma música no violão e ficou. Mas nem sempre todo mundo fica.

Uma amiga dela, quando se separou, ficou tão louca que mandou embalar a louça da casa pra mandar pra nova casa do marido, mas antes quebrou a louça toda. E um tio que, numa separação, enviou junto a um buquê de flores uma caixinha com cocô dentro. E um outro amigo que, quando voltou pra casa, depois de se separar, o marido tinha levado tudo, até a privada. Então ela ficou dias sem saber dele, da Menine, de ninguém.

Todos os dias, o porta-retrato até virar 3x4. Como dizia Lou Reed, "eu enviei nós dois juntos dentro de uma caixa de correio pra você, mas você me matou, abrindo a caixa com um estilete". Ela não suporta mais essa falta de notícias. Também não negocia com o tempo. Diz que tem angústia do eco que o tempo faz.

Pausa.

    Silêncio é covardia ou amor? Fazer questão é uma questão de escolha. Ela faz questão. Até do que não devia.

Eu vi, eu vi, ela atravessando a linha do tempo das 24 horas e achei que não fosse voltar ao batimento normal. Até hoje ela sofre de taquicardia. Devia tomar um chá de coca.

Ontem dançamos um forró atômico e ela levou você, tijolo dentro do peito. Ela ficou mexendo o próprio corpo, vendo suar, pra ver se pegava no tranco, tomou uma vodca, fumou um solto e achou quase bom não sentir nada por um tempo. Depois voltou pra cá. No silêncio daqui eu sei que sentiu um certo alívio de ter deixado aquelas bocas pra lá.

"Estou vivendo de hora em hora com muito temor.
Um dia me safarei.
Aos poucos me safarei.
Começarei um safári."
(Ana Cristina Cesar)

3. AULA DE DOULA

Mas tá bom. Chega! Tem que seguir, ir em frente! Onde é que fica o desejo? O desejo! Até o bebê quando vai nascer é movido pelo desejo! No momento do nascimento, o bebê está encaixado na vagina da mulher, com o topo da cabeça encostado na saída do útero, o queixo colado no próprio peito. Daí ele começa a fazer força pra sair. Ele faz um movimento de rotação e expulsão, empurrando e pressionando o útero e expandindo a pélvis. Na hora em que consegue passar a cabeça pelo fim do canal vaginal, ele simplesmente "pof!". LEVANTA A CABEÇA! LEVANTA A CABEÇA E EXPANDE O PLEXO ABRINDO

O EXTERNO!!! Descola o queixo do peito, o bebê faz um *cambret*, quer dizer, ele nasce dançando. E ele só consegue fazer todo esse movimento de expulsão se houver DESEJO! DESEJO de nascer!!! Impressionante, impressionante, impre...

4. SANGUE AMNIÓTICO

— Eu vou ligar pro seu pai! Ele tem que vir aqui A-GO--RA pra gente ter uma conversa!

Alôôôôôu?

O pai dela está sentado numa cadeira na sua frente. Sua mãe, sentada em um lado do sofá, aos prantos e gritando quase que ao mesmo tempo:

— Por que você não me contou? Eu sou sua mãe, sua mãe! Sou mulher! Sou sua mãe!

Ela gritava igual e dizia:

— Eu tentei, juro! Várias vezes eu tentei, mas eu não consegui falar!

— Mas assim? Fazer eu descobrir desse jeito?! Por quê?

— Parou, as duas! Chega! Não aconteceu nada de mais, ela só perdeu a virgindade, a virgindade! — disse o pai dela em meio ao pranto do "povo do deserto".

Foi assim que sua mãe descobriu que ela tinha perdido a virgindade, com um exame de sangue de gravidez que era negativo, mas que causou um abalo sísmico na vida nada pacata daquela casa.

5. FILHO

Depois daquele exame, apenas outro fez o mundo dela girar. Hospital na avenida Paulista, de manhã. Ela sai da sala de resultados de exames, correndo e gritando pelos corredores. As enfermeiras tentam segurá-la pelos braços, perguntando, também aos gritos:

— O que aconteceu? Você tá passando mal? Precisa de ajuda?

— Eu estou grávida, grávidaaaaaaaaaa!

E agarrou e beijou todo mundo que encontrou no caminho. E foi beijando todo mundo que beijou e lambeu seu filho quando nasceu. Lambeu como bicho. Seus braços estavam anestesiados, só sobrou a cabeça. Ele no seu peito, lindo, e ela lambeu. A cara toda dele, tudo. Aquele gosto de placenta e líquido amniótico, tudo misturado, quente, gosto de lágrima. É isso, gosto de lágrima! Só que muito forte, doce e salgado ao mesmo tempo. Deve ser por isso que chorar alivia, né? Como vida, como mãe, como amniótico.

6. PRÓPRIA NATUREZA

Ele amava Tarkovsky, o cineasta russo, principalmente o filme *Stalker*. Transcrevia as legendas do filme pra poder reler o conteúdo quando quisesse, em qualquer lugar. Tinha um caderninho Moleskine de capa amarela só pra isso. Tem uma parte do filme em que o Stalker conta que o Porco Espinho, o cara que o treinou para ser Stalker, foi até a Zona pedir para que o irmão ressuscitasse.

Os Stalkers são guias de viagens que levam grupos de pessoas para conhecer esse lugar proibido. A Zona é um lugar interditado pelo governo, com ameaça de radiação nuclear, envolto em mistérios.

Stalker tava contando que o Porco Espinho chegou na Zona, pedindo para que o irmão voltasse a viver. E, quando ele saiu de lá, em vez do irmão, ele recebeu um monte de dinheiro. Ficou milionário. Mas o irmão continuava morto. Então ele percebeu que, na Zona, só se cumprem os desejos mais íntimos! Aquilo que corresponde à sua natureza, da qual você não faz a mínima ideia, mas que manda em você. É esse o segredo. **Ele se enforcou porque teve consciência da própria natureza**.

7. DESERTO DE SOL

Tem um lugar nosso que é desabitado, marcado pelas coisas que a gente não entende, não compreende, não consegue se livrar. Destruindo nossa fé e a alegria de viver, destruindo os nossos impulsos. [*pausa*] Esse é um lugar determinado previamente pelo destino e ela acha que algumas pessoas são marcadas pra sempre por tragédias, mortes, perdas definitivas.

— Quando eu morrer vou contar tudo pra Deus — disse aquele menino sírio, de três anos.

E agora? Agora é pão com manteiga, café preto, lavar calcinha, ovo mexido com queijo, dormir de lente, dedo preso na porta, banho de chuva, entrar no carro errado, sair de Friburgo em direção ao Rio e quase parar em Vitória. Ficar buscando sentidos pra esse lugar que nunca vai ter sentido, que nunca vai ser adjetivado por nada que traga paz, que traga tranquilidade, que traga compreensão e certezas... então é assim... esse deserto. Tem um lugar nosso que é um deserto, tem outros que não, mas tem esse lugar que é um deserto. Com sol. Mas um deserto.

E ela sempre se pergunta: será que as coisas trágicas e terríveis acontecem pra que se comprove a existência desse lugar? Ou será que as coisas acontecem à revelia desse lugar, e aí, quando elas acontecem, é que esse lugar, é lembrado? Eu não sei direito se é a gente que evoca esse deserto ou se é esse deserto que nos evoca.

8. BANDALHA

Enquanto ninguém voltava, veio um cara, jovem, que fazia questão de relação aberta, queria transar com ela e com uma mulher junto de qualquer jeito. Ela disse que achava melhor ele não colocar uma mulher na cama deles porque ela poderia facilmente se apaixonar.

Saudades de futuro combinado, de me remexer na cama com os pelos que invertem a ordem dos poros, um calor no peito, cochichos de fantasmas, comer do mesmo prato.

— Uma volta de onde nunca deveria ter saído — disse a Menine.

— Deixei as coisas pra você em cima da mesa — disse ele.

Quando você se afasta, ela lamenta não poder dizer nada, e fica vendo você saindo de capote comprido sem roupa por baixo... Imagina seu pau balançando dentro do capote pelas ruas e você pedindo fogo pra acender mais um cigarro, um incenso, queimar uma carta, ler um bilhete, um baseado ou puxar uma conversa. Você gesticula muito quando fala, nossa... Coça o rosto, roça a barba, parece um búfalo de tão grande, tem tanta certeza das coisas que vive esquecendo tudo por aí.

Tudo o que você olha vira seu, tem a tranquilidade de saber que aquilo lhe pertence, seja coisa, pessoa ou ideia, é só uma questão de tempo. Ela detesta... mas não resiste a esta sua mania de permanecer no seu lugar mandando mensagens criptografadas de aproximação e acesso, quando já sabemos o que ela quer, e arrisca um encontro dos reencontros habituais.

Esse seu sorriso de mulher gigante confirma o seu sim, como o do gato da Alice, você pega ela pela mão e com ela atravessa o seu crânio, rasgando as pupilas dos seus olhos com as pontas dos dedos, mergulha tão fundo nela, que ela já não sabe mais onde você começa e ela termina, talvez pela similaridade dos corpos, cheiros e texturas, talvez pelos agudos sonoros, longos gozos, choros, tempos. Elas saem depois pra andar e já é praia, já é sol morno, cochicho de vento e vermelho como sangue. Os ciclos, as ciclovias, a surpresa de parecer parecidas e poder ser outra. Poder deixar de ser qualquer coisa que se pense. Não ter etiquetas é um luxo.

9. IRMÃO CAMARADA

Com seu Irmão Camarada ela não precisava explicar, porque sempre foi seu grande amigo. Tão amigo que toda vez que estava carente dormia com ele. Então eles transaram por muito tempo. Porque uma pessoa fica carente muitas vezes na vida. Nunca namoraram, sempre conversa e sexo. Ou sexo e conversa, dependendo das urgências. Algumas vezes só conversa, quando estavam apaixonados pelas esposas, ou só sexo, quando estavam em crise. Funcionava bem. Quase sempre. Já trocaram algumas noites por cerveja, que vale quase a mesma coisa. Considerando a ressaca também.

10. CADEIRA DE RODAS

Mas o cinema sempre a atormentou. Quando era criança, ela queria mesmo era ser baterista, mas o máximo que conseguiu foi perder a virgindade com um. Durante um tempo, ela saía tão influenciada pelos filmes, que queria vivê-los na vida real. Era quase um fetiche. E muitas vezes conseguia se proporcionar as mesmas experiências dos filmes. Considerando *Henry & June*, *Hair*, *Tommy*, *Opera Rock*, *The Wall*, *Contatos imediatos de terceiro grau*, *Mulheres à beira de um ataque de nervos*, *Cabaret*, *All That Jazz*, *E.T.*, *Cocoon*, *Gritos e sussurros*, *Kill Bill*, *Piratas do Caribe*, *O iluminado*, *O anjo exterminador*, *Persona*, *Taxi driver* e tantos outros... dá pra imaginar quanta coisa acontece quando se encontra outras pessoas que se sentem da mesma maneira. E ela encontrou algumas, posso garantir. *Carne trêmula*, por exemplo, autorizou muito: elas ficaram inebriadas com o poder que aquilo tudo poderia ter.

Ela achava ele tão lindo quanto o Javier Bardem e só pensava naquela chupada sensacional. Porque as condições eram idênticas. Ela e a Menine tinham acabado de sair do cinema com aquele cara forte e uma desenvoltura naquela cadeira de rodas que as deixava tontas. Elas queriam, ele queria, eles se beijaram, mas não rolou. Ele queria exclusividade.

— Como assim?!

— Pois é. Vem comigo, vem sozinha que eu te explico.

Ela não foi. Não podia ser desleal com a sua parceira de *películas*.

Aeroporto pequeno, pista de pouso, turbinas ligadas e aquela cadeira que ia diminuindo, diminuindo, diminuindo minuto a minuto...

11. A ESPERA

Entra a música do Led Zeppelin, solo "Moby Dick" com John Bonham. Ela entra em uma dinâmica potente com a música, dançando em cima do banco, até deitar e iniciar uma partitura corporal de choques e gozos durante o solo do John Bonham.

Mas eu tô aqui falando disso tudo, na verdade, porque ela está esperando ele chegar. Ou a Menine chegar. Ela ainda não decidiu quem vai chegar primeiro.

Uma coisa: quando a Menine chegou, ela mostrou uma música que ela fez, respondendo a uma outra bem conhecida, que falava de separação: "O amor da gente é como um..."

Era uma resposta às próprias dores e talvez a um sentimento de ter sido traída pelo poeta, quando a vida não se mostrou tão doce quanto a canção inicial. Mas o que a Menine fez era também de uma poesia tão bela, indignada, que ela não conseguiu dizer nada, ficou ali chorando. Era poesia falando com poesia. Uma digital de exposição artística.

E teve também aquela história — que ela me disse que leu em um livro que agora não lembro o nome nem sei se é verdade — que quando o Bradford Cox, da banda Deerhunter, era jovem, tinha que esperar chegar o lançamento do novo LP da sua banda favorita, que era encomendado e vinha pelo correio. E isso podia levar muitas semanas! Então, enquanto esperava, ele compunha uma versão "pirata" de como imaginava que seria a sonoridade do novo disco. Daí quando o LP chegava, ele comparava as músicas que havia composto com as do novo álbum, que obviamente depois viraram sucessos de sua própria banda.

A gente precisa muito do outro, dos outros, daqueles que forjaram os pensamentos, ideias, expressões artísticas, de achar os contornos para criar, ser criativo. Você pega as coisas que conhece e as quebra todas, depois reorganiza tudo de outro jeito. É uma construção diária, o oposto da inspiração.

Mas considerando que sempre alguém se refere a alguém que fez o mesmo com outro alguém, e com outro alguém, num sem fim... eu vou ler uma coisa que eu escrevi pra vocês — porque essa possibilidade, de "eterno plágio antropofágico", dá um puta alívio, né?

Lê o que escreveu.

"Ontem ela chorou
Pelo sonho que não lembra
Pelo que tentou esquecer
Pelos dedos que se descruzaram
Pelo suor não escorrido
Pelo avesso dos pelos
Pelos apelos não ditos
Pelos solos de guitarra não tocados
Pelos solos tocados
Pelos cílios que encravaram
Pela inveja.

Ontem ela chorou
Pela dança iniciada
Pelo leite da moça derramado
Pela bolha dos pés

Pela vodca vagabunda
Pela sua bunda
Pela demora das horas.

Ontem ela chorou pela falta de impulso
Pela plateia lotada
Pelo prestígio conquistado
Pela dívida bancária
Pelos bancários
Pelo gozo alcançado
Pelo tudo o que foram
Pela falta de grana
Pela falta de grama
Pelo filho amado
Pela mãe morta
Pelo pai incansável
Pelas irmãs siamesas.

Ontem ela chorou
Por todos que já foi
Pelos que amou
Pelo pão que endureceu
Pelo pau que amoleceu
Pelos filmes que morreu
Pelo que acreditou
E pelo que se livrou.
Porque hoje também já é outro dia, não é, Caio Fernando Abreu?

12. UNIVERSO PARALELO

Ela me disse que, muitas vezes, se sente ligada a outras pessoas por um fio invisível que atravessa dimensões. Algumas vezes sente um aperto no peito e visualiza algumas pessoas. Daí ela começa a ligar pra essas pessoas pra saber se está tudo bem. Na maioria das vezes a confirmação aparece nesse grupo inicial, seu coração relaxa e ela sabe que chegou no outro lado desse telefone invisível. Quando não consegue finalizar o processo, ela pede ao plano superior que mostre o que está acontecendo. Daí é incrível, porque, em alguns dias, o elo se completa, ela recebe uma resposta. Mas é sempre esquisito, mesmo acontecendo por uma vida toda.

Quando ela era pequena, ficava com muito medo do que via e sentia, achava que tava maluca. Depois encontrou outras pessoas com essas mesmas características e entendeu melhor. Ela acha que pode haver essa ligação, esse fio, não só com pessoas próximas e conhecidas, mas com pessoas desconhecidas também. Que existem coisas que estão acontecendo em outro lugar e podem ser sentidas ao mesmo tempo aqui, enquanto acontecem lá. Que duas pessoas podem estar cantando a mesma música ao mesmo tempo em lugares diferentes do planeta, que existe essa sincronicidade.

Posso fazer um experimento? [*distribui para a plateia umas sacolinhas com papéis dentro*] Aqui tem uns papeizinhos com títulos de músicas. Cada papel é uma música diferente. Eu quero que vocês leiam o papel que sortearam e esperem. Não mostrem pra ninguém o título que tiraram. Foi todo mundo? Então, quando eu contar até três, vocês vão cantar ao mesmo tempo a música que cada um tirou. Então, um, dois, três...

Todos cantam. Os papeizinhos têm o mesmo título de música: "Sampa", de Caetano Veloso. Por um segundo a ideia de sincronicidade se instaura, mas logo em seguida todos percebem a brincadeira sugerida com o mesmo título dos papéis. O que vale é a possibilidade de acontecer a sincronicidade mais do que a própria em si.

13. MAGO NO JARDIM

Se um dia ela voltasse naquela casa, encontraria sua mãe gargalhando e dançando em roda na sala de piso branco, com aquela lona de caminhão pendurada no terraço que era usada como cabana, a cabeça gigante de Mago Merlin, de um desfile da Sapucaí, enterrada no gramado que ficava no canto do terraço, em frente à piscina, que não era bem uma piscina, mas um tanque gigante e branco em que ela mergulhava, dava impulso com os pés e arrastava a barriga pelo chão, embaixo d'água, até machucar o umbigo. O umbigo dela era meio pra fora e mais parecia um fone de *iPhone* pequeno e branco, mas que deve servir pra ouvir as lombrigas, né?

Ela fazia uma coisa engraçada com a barriga, que era sempre grande, fazia malabarismos pra dentro e pra fora. Deve ser por isso que o pediatra jurou que ela nunca teria problema de intestino. Será?

O barulho da câmera Super-8, tec, tec, tec, tec, tec, tec, cheiro de cigarro, o pai dela correndo atrás de todas, de calça *jeans*, sem camisa e descalço, tipo "Sei que sou gato mesmo, e daí?" E é mesmo. Flor de hibisco vermelha... e aquela que ela chupava o caule e saía um gostinho doce. Como era o nome mesmo? Alguém se lembra?

Uma de suas irmãs gostava de chupar limão com sal e amarrar pano de prato no pescoço pra, juntas, escalarem as vigas de sustentação da casa. Muito antes do Lula ser presidente, essa irmã perguntou pra ele, meio dormindo no colo da sua mãe, quando é que o Brasil iria pagar a dívida externa. E, anos depois, pra uma namorada nova do seu pai, que ria histericamente por conta do primeiro encontro com as filhas, se ela RIA assim o tempo todo. Algumas vezes elas ficavam deitadas na cama, rabiscando o corpo da outra com caneta e contando o porre da noite anterior, ou a viagem a Mauá. E, até hoje, quando bebem juntas, a única garantia que têm é a de que não podem perder o canudo.

A outra irmã comia carne crua em pedaços, tinha o cabelo até a cintura que ninguém podia mexer e se escondia com pé de galinha cru pela casa para assustar todo mundo! Teve três namorados ao mesmo tempo, que elas despistavam por telefone porque tinham a mesma voz. Coisa estranha, né? Essa irmã gostava de lutas marciais, bichos em geral. Teve três lagartos: o Alexandre, o Frederico e o Eduardo, que ela alimentava com ovo cru. Sem falar nos cães e gatos. Ultimamente, ela tem se encontrado com lobos-guarás no mato, de verdade. Até picada de cobra ela já levou. Começar a fumar maconha com essa irmã foi fundamental, porque, juntas e doidas, elas não precisavam manter a hierarquia de irmandade, sempre tão chata e separatista.

O pai dela, aquele que sabia que era gato mesmo e daí, contava a história do *João e o pé de feijão*, fazendo todos os personagens pelo quarto. Era um espetáculo por noite. Muito medo do Gigante e insônias intermináveis. Mas ele garantiu para ela que algumas noites **não são feitas pra dormir**. E também a convenceu de que ela só deveria tomar cogumelo e ácido "se estivesse bem de cabeça, com pessoas em quem confiasse e em um lugar bem lindo, hein?!", coisas que dificilmente aconteciam juntas. Até hoje ela agradece a ele pelos neurônios que sobraram, as *bad trips* que não vieram e... pelas esplendorosas experiências.

Toca a música "Spacy Oddity", de David Bowie. Ela vai até o microfone e mostra uma tira de gelatina de refletor de cor violeta que foi distribuída ao público dentro do programa do espetáculo. Nesse gesto, ela usa a gelatina como óculos enquanto a música se inicia. A ideia aqui é que o espectador veja a cena com o acetato nos olhos, como óculos. Em vez de mudar a cor da cena, muda a cor da visão da cena a partir desses "óculos" de acetato de gelatina.

14. SAINT-GERMAIN

Com gelatina no rosto e falando ao microfone. A música segue ao fundo.

Os poros, os poros estão se dilatando, ela se vê flutuando pelo quarto, seu corpo na cama com os poros dilatados e enormes. Ela é puxada para fora do quarto, vê prédio, telhado, rua, cidade, país, planeta, espaço sideral. Tudo dourado. Ela se sente envolvida por uma música que não conhece, mas é muito familiar. Sensação de aconchego.

Faz força pra voltar pro corpo que continua vendo dilatado lá embaixo, mas a velocidade é muito rápida, muito medo dela não retornar. Outra puxada, ela se aproxima novamente, dessa vez tem alguém dormindo em cima dela com um rabo gigante saindo do cóccix. Parece um bicho. Ela grita e não tem som, empurra o corpo e não tem força.

Luz violeta, chama violeta, Saint-Germain! Ela é levada de novo, outro lugar, um mergulho dentro do peito, cabeça aberta, topo da cabeça escancarado, um tubo de luz violeta entrando e pintando todo o seu corpo, rápido, rápido, veloz... [*pausa*] conforto, ela é líquida, silêncio, silêncio, silêncio.

"Diante do altar sagrado em meu coração, acendo o Fogo Solar e me entrego ao comando da chama interna. Eu reverencio e agradeço à Chama Trina, que agora se expande por todo o meu ser. EU SOU a Chama Trina em expansão! EU SOU! EU SOU! EU SOU!"

15. MÃE

A mãe dela posou para a *Playboy* em janeiro de 1982, enquanto a Guerra das Malvinas rolava solta, Elis Regina morria, o Brasil perdia a Copa da Espanha e o pai de uma amiga disse, meio com cara de Lobo Mau, que a sua mãe estava deslumbrante nas fotos! Bah!

Promete que reencarna comigo?

Promete que não vai doer?

Promete que me escreve um bilhete?

Promete que não vai achar a menor graça nessa história de suicídio?

Promete que confia tanto em mim quanto no mundo?

Promete que tudo isso vai passar?

Promete que Deus não tem nada com isso?

Promete que vamos continuar dançando em roda na sala de casa?

Promete que sua gargalhada é como a do gato da Alice?

Promete que me abraça novamente como urso?

Promete que não me deixa nunca mais sozinha?

Promete que o sol, mesmo amarelo, vai seguir me esquentando?

Promete que toda a confiança na vida vai ficar mesmo sem você?

Promete que vou conseguir seguir amando as pessoas?

Promete que tudo vai ter significado novamente?

Promete que eu mereço?

Promete que eu vou soluçar e o som ser de gargalhada?

Promete que não vou mais querer ir junto?

Promete que este humor é que faz a diferença?

Promete que cuida do "loxinha"?

Promete que só uma ligação basta?

Promete que você está aqui?

Entra a música "Bicycle Race", do Queen, enquanto se inicia a chuva de papel picado dourado.

Blecaute.

FIM

Olhos amarelos

Passarinho está sendo publicado! Que bom! Agora estamos em forma de papel. Inicialmente este texto foi escrito em um computador, tridimensionalizado para a cena e, neste momento, você pode levá-lo materialmente pra casa, em forma de livro.

Uau! Quanta coisa esse *Passarinho* já fez... Pra mim, que sou irmã da autora e diretora da primeira montagem do texto (sim, espero que sejam muitas mais!), sinto um orgulho imenso. Por Ana ter escrito pela primeira vez, por eu achar isso muito estimulante (pois quebra esse tabu da escrita, Ana sempre se arrisca...) e pelo *Passarinho* nesse mundão de ideias. Gosto dessa personagem que fala com liberdade sobre amar: "No amor cabe toooooodo mundo, filho. Cabe todo mundo!" Sendo assim, esse amor é dado e sem preconceito. Realmente, enquanto você lê o *Passarinho*, parece que você vive em um lugar repleto de amor, onde nem existem mais as questões de gênero, simplesmente as pessoas são. Isso é o que está na fala de Ana e eu, que a vejo de muito perto, posso dizer que é isso mesmo...

Agora sinto que esta pequena obra está dando mais um grande passo, e tomara que seja inspiração pra contarmos cada vez mais nossas histórias, na primeira pessoa, na terceira pessoa ou no plural, de diversas maneiras, sempre se lançando em territórios criativos.

Um pouco mais sobre o texto:

"Um olho que se abre.

Grandes cílios pintados aparecem.

É ela.

É noite.

Estamos dormindo naquele quarto que se chamava "Palquinho Azul". É isso! Lá tinha um palco, uma beliche e uma bilheteria. Lá nós dormíamos e ela sempre passava pra nos dar um beijo de boa-noite.

Qual é a palavra?

E Manu me ajuda: encantamento...

Hoje, abro os olhos e vejo minha irmã mostrando partes de quem ela é. Notícias do mundo de lá. Um cotidiano extraordinário ou criar um extraordinário cotidiano.

Essa é a nossa aventura!"

Clara Kutner
Diretora teatral

© Editora de Livros Cobogó, 2018
© Ana Kutner

Editora-chefe
Isabel Diegues

Editora
Fernanda Paraguassu

Gerente de produção
Melina Bial

Revisão final
Eduardo Carneiro

Projeto gráfico e diagramação
Mari Taboada

Capa
Cubículo

Foto de capa
Felipe Ovelha

CIP-BRASIL. CATALOGAÇÃO-NA-FONTE
SINDICATO NACIONAL DOS EDITORES DE LIVROS, RJ

Kutner, Ana, 1971-
K98p   Passarinho / Ana Kutner.- 1. ed.- Rio de Janeiro : Cobogó, 2018.
64 p.; 19 cm. (Dramaturgia)

ISBN 978-85-55910-61-6

1. Teatro brasileiro (Literatura). I. Título. II. Série.

18-50509   CDD: 869.2
                                                         CDU: 82-2(81)

Leandra Felix da Cruz- Bibliotecária- CRB-7/6135

Nesta edição, foi respeitado o Acordo Ortográfico da Língua Portuguesa de 1990, que entrou em vigor no Brasil em 2009.

Todos os direitos em língua portuguesa reservados à
Editora de Livros Cobogó Ltda.
Rua Jardim Botânico, 635/406
Rio de Janeiro — RJ — 22470-050
www.cobogo.com.br

Outros títulos desta coleção:

COLEÇÃO DRAMATURGIA

ALGUÉM ACABA DE MORRER LÁ FORA, de Jô Bilac

NINGUÉM FALOU QUE SERIA FÁCIL, de Felipe Rocha

TRABALHOS DE AMORES QUASE PERDIDOS, de Pedro Brício

NEM UM DIA SE PASSA SEM NOTÍCIAS SUAS, de Daniela Pereira de Carvalho

OS ESTONIANOS, de Julia Spadaccini

PONTO DE FUGA, de Rodrigo Nogueira

POR ELISE, de Grace Passô

MARCHA PARA ZENTURO, de Grace Passô

AMORES SURDOS, de Grace Passô

CONGRESSO INTERNACIONAL DO MEDO, de Grace Passô

IN ON IT | A PRIMEIRA VISTA, de Daniel MacIvor

INCÊNDIOS, de Wajdi Mouawad

CINE MONSTRO, de Daniel MacIvor

CONSELHO DE CLASSE, de Jô Bilac

CARA DE CAVALO, de Pedro Kosovski

GARRAS CURVAS E UM CANTO SEDUTOR, de Daniele Avila Small

OS MAMUTES, de Jô Bilac

INFÂNCIA, TIROS E PLUMAS, de Jô Bilac

NEM MESMO TODO O OCEANO, adaptação de Inez Viana do romance de Alcione Araújo

NÔMADES, de Marcio Abreu e Patrick Pessoa

CARANGUEJO OVERDRIVE, de Pedro Kosovski

BR-TRANS, de Silvero Pereira

KRUM, de Hanoch Levin

MARÉ/PROJETO bRASIL, de Marcio Abreu

AS PALAVRAS E AS COISAS, de Pedro Brício

MATA TEU PAI, de Grace Passô

ÃRRÃ, de Vinicius Calderoni

JANIS, de Diogo Liberano

NÃO NEM NADA, de Vinicius Calderoni

CHORUME, de Vinicius Calderoni

GUANABARA CANIBAL, de Pedro Kosovski

TOM NA FAZENDA, de Michel Marc Bouchard

OS ARQUEÓLOGOS, de Vinicius Calderoni

ESCUTA!, de Francisco Ohana

ROSE, de Cecilia Ripoll

O ENIGMA DO BOM DIA, de Olga Almeida

A ÚLTIMA PEÇA, de Inez Viana

BURAQUINHOS OU O VENTO É INIMIGO DO PICUMÃ,
de Jhonny Salaberg

INSETOS, de Jô Bilac

COLEÇÃO DRAMATURGIA ESPANHOLA

A PAZ PERPÉTUA, de Juan Mayorga
Tradução Aderbal Freire-Filho

APRÈS MOI, LE DÉLUGE (DEPOIS DE MIM, O DILÚVIO),
de Lluïsa Cunillé
Tradução Marcio Meirelles

ATRA BÍLIS, de Laila Ripoll
Tradução Hugo Rodas

CACHORRO MORTO NA LAVANDERIA: OS FORTES, de Angélica Liddell
Tradução Beatriz Sayad

DENTRO DA TERRA, de José Manuel Mora
Tradução Roberto Alvim

MÜNCHAUSEN, de Lucía Vilanova
Tradução Pedro Brício

NN12, de Gracia Morales
Tradução Gilberto Gawronski

O PRINCÍPIO DE ARQUIMEDES, de Josep Maria Miró i Coromina
Tradução Luís Artur Nunes

OS CORPOS PERDIDOS, de José Manuel Mora
Tradução Cibele Forjaz

CLIFF (PRECIPÍCIO), de Alberto Conejero López
Tradução Fernando Yamamoto

2018

1ª impressão

Este livro foi composto em Univers.
Impresso pelo Grupo SmartPrinter
sobre papel Bold LD 70g/m².